Erich Paulmichl

Ein Kreuz!

Politische Karikaturen 2005

Pröll Druck und Verlag GmbH & Co KG

Der Autor: Erich Paulmichl veröffentlicht politische Karikaturen
in sechzig deutschen Tages- und Wochenzeitungen.
Er knüpft 2005 an die Erfolge seiner Karikaturen-Jahrbücher '94,'95, '96, '97 '98, '99,
2000, 2001, 2002, 2003 und 2004 an.

Die Deutsche Bibliothek – CIP-Einheitsaufnahme

Paulmichl, Erich:
EIN KREUZ ... Politische Karikaturen 2005 /
Erich Paulmichl. – Augsburg: Pröll-Verlag: 2005
ISBN 3-980 7813-7-2

© 2005 Pröll Druck und Verlag GmbH & Co KG, Augsburg
Alle Rechte vorbehalten
Umschlaggestaltung: Helmut Drittenpreis
Gesamtproduktion: Pröll Druck und Verlag GmbH & Co KG

Printed in Germany

ISBN 3-980 7813-7-2

VORWORT

Er ist Michels Anwalt. Erich Paulmichl zeichnet den kleinen Mann mit feinem Strich, mit viel Lie-be, ja mit einer ganz gehörigen Portion Herzblut. Den Michel, den kleinen Mann, nimmt er gegen die Unbilden des politischen Establishments in Schutz. Ihm gehört seine ganze Zuneigung.

Nicht ganz so liebevoll geht er mit den Politikern um, denen er den Spiegel vor die Nase hält. Ei-nen Spiegel, in dem er mit scharfem Verstand, mit Biß, mit Satire – aber auch Humor – tiefe Ein-blicke in die politischen Hintergründe gewährt.

Die Waffe des Karikaturisten Erich Paulmichl ist der Stift – dessen Wirkung die eines Floretts. Er trifft, er verletzt dort, wo er verletzen muß. Bösartig ist er dabei nie. Ein Schuß Humor ist immer dabei.

Paulmichls Humor kann makaber sein, zum Nachdenken anregen. Er kann aber auch zum kräf-tigen Lachen reizen, zum Schmunzeln. Immer aber sind seine Karikaturen ausdrucksstark und geben deutlich eine Meinung wider. Sie sind der gezeichnete Kommentar der Zeitung.

Ob Merkel oder Schröder, Eichel, Fischer oder wer auch immer – Erich Paulmichl geht nicht zart mit ihnen um. Eher geht er hart mit ihnen ins Gericht – vor allem dann, wenn sie wieder einmal dem kleinen Mann weh getan haben. Da kennt dann Erich Paulmichl keine Gnade. Da ist er der Anwalt mit dem Stift für den kleinen Michel, der sich sonst gegen die Obrigkeit kaum wehren kann.

Günter Wolf,
Politik-Redakteur, Lehrbeauftragter Print-Medien.

Paukenschlag (signature)

Karikaturen 2005

STEUERLÖCHER

... OHNE ENDE

MAI

DIE BAHN WIRD NOCH TEURER, LEUTE

DEZEMBER '04

GUTEN RUTSCH!

DEZEMBER '04

VATERSCHATSTESTS BESCHLOSSEN

JANUAR

SOVIEL ZUM ERNÄHRUNGSBERICHT ...

DEZEMBER '04

TÜRKEIBEITRITT

OKTOBER '04

FAHRGAST SUCHT DRIVER ...

DEZEMBER '04

DIE TEUREN ZIGARETTEN UND DIE FOLGEN ...

DEZEMBER '04

VOLKSENTSCHEIDE KOMMEN

OKTOBER '04

UNENDLICHE RECHTSCHREIBREFORM

OKTOBER '04

STUDIENGEBÜHREN

JANUAR

LOCKERUNGEN FÜR HOMOSEXUELLE SOLLEN KOMMEN ...

OKTOBER '04

FRAGEN UM DIE WEHRPFLICHT

VISA-AFFÄRE

FEBRUAR

FISCHER WILL LIVE AUSSAGEN ...

APRIL

ARBEITSLOSIGKEIT OHNE ENDE

MÄRZ

SCHÖN GEREDET, SCHÖN GERECHNET ...

JANUAR

ERINNERUNGSLÜCKEN

APRIL

EU-Verfassung wackelt

JUNI

STUDIENGEBÜHREN?

JANUAR

DISKUSSION UM MINDESTLOHN

APRIL

KROKODILSTRÄNEN

JUNI

RUßFILTER-DISKUSSION

MAI

GEWALT IM IRAK

JANUAR

NEUE ANTITERROR-AKTIONEN

JULI

BALD OFFENE EINSICHTEN ...

JULI

DIE POST WILL WIEDER LÄNDLICHE STANDORTE ERÖFFNEN ...

JUNI

EU-MÜDIGKEIT?

JUNI

JUNI

STREIT UM SONNTAGSFAHRVERBOT

MÄRZ

DIE WEHRPFLICHTDEBATTE GREIFT UM SICH ...

NOVEMBER '04

ZWEIKLASSENMEDIZIN

MAI

UNKOMPLIZIERTES ZUVERDIENEN FÜR LANGZEITARBEITSLOSE GEPLANT ...

APRIL

LOCKERUNG IN SICHT.

JUNI

EICHEL SUCHT.

MAI

ABHÖRMAßNAHMEN WEITER IM GESPRÄCH ...

JULI

ZWEIKLASSEN-GESELLSCHAFT

JULI

DIE QUEEN IN BERLIN.

NOVEMBER '04

PROTESTIERER BLÜM.

APRIL

MERKEL UND MERZ TRENNEN SICH

OKTOBER '04

ES RUMORT IN DER UNION

OKTOBER '04

„VORSICHT, ÄRZTE-STREIK!"

AUGUST

NEUE UNTERSUCHUNGEN IN SACHEN ZIGARETTEN

MAI

DER NEUE PAPST

APRIL

BENEDIKT IN DEUTSCHLAND

AUGUST

RÜCKSCHLAG FÜR BEAMTE ...

SEPTEMBER

SZENEN AUS DEUTSCHLAND.

MAI

ARBEITSMARKT DEUTSCHLAND.

SEPTEMBER

CLEMENT SIEHT´S POSITIV!

SEPTEMBER

WEITERHIN KONSUMVERWEIGERUNG

SEPTEMBER

BUSH SCHWIMMT

SEPTEMBER, HURRIKAN ÜBER USA-STAATEN

MUNTERE ABZOCKE

SEPTEMBER

STALKING-DEBATTE

AUGUST

BAYERN MACHT NICHT MIT

JULI

FRÜHKINDLICHE VORSORGE

AUGUST

START DES „EHRLICHEN" WAHLKAMPFES

JUNI

„... JEDENFALLS NICHT VOR DER WAHL!"

JUNI

AUF EIN NEUES (ALTES) ...?!

JULI

ANGELA INFORMIERT ...

JUNI

MERKEL HOLT KIRCHHOF

SEPTEMBER

... UND ZIEHT IHN WIEDER ZUÜCK

SEPTEMBER

WAHLPROGRAMME

JULI

DIE LINKE KOMMT

MAI

EIN ODER ZWEI TV-DUELLE?

AUGUST

WAHLKAMPF-SATIRE LIVE ...

AUGUST

REALSATIRE STRAUß-PREIS FÜR KOHL

SEPTEMBER

DIE FISCHER-NACHFOLGER

SEPTEMBER

UMFRAGEFRUST

SEPTEMBER

FRAG´ MAL WIEDER ...

AUGUST

GUTE UMFRAGE-WERTE FÜR DAS LINKSBÜNDNIS

JULI

TROTZ DRESDEN ...

SEPTEMBER

GYSI UND LAFONTAINE SIND DRIN

SEPTEMBER

VERLIERER UND GEWINNER

SEPTEMBER

GERHARD WÜRDE GERNE BLEIBEN ...

AUGUST

SCHRÖDER WILL UNBEDINGT BLEIBEN

SEPTEMBER

SONDIERUNGSGESPRÄCHE

SEPTEMBER

DIE GRÜNEN WOLLEN DIE MITFAHRGELEGENHEIT WOHL NICHT NUTZEN ...

SEPTEMBER

„WIE BEKOMMEN WIR IHN DA NUR 'RUNTER?!"

SEPTEMBER

KANZLER-ROTATION?

SEPTEMBER

„ES GEHT UM DEUTSCHLAND"

SEPTEMBER

GRETCHENFRAGE.

SEPTEMBER

ANGIE TRÄGT WEITER PROBE ...

SEPTEMBER

SCHRÖDER BLEIBT STUR

OKTOBER

ES WIRD WEITER SONDIERT

OKTOBER

„ÜBERANSTRENGT EUCH NICHT, LEUTE ...!"

SEPTEMBER

TALKSHOW-BOOM

SEPTEMBER

NACHRICHTENSÄTTIGUNG.

SEPTEMBER

„SONDIERUNG" OHNE ENDE ...

OKTOBER

TATKRÄFTIGE UNTERSTÜTZUNG GARANTIERT FÜR DIE KANZLERIN IN SPE ...

OKTOBER

BEI REDAKTIONSSCHLUSS DES BUCHES „SÄGTEN" SIE SCHON WIEDER …

OKTOBER